José Micaelson Lacerda Morais

A Sociedade como Ela É
A Sociedade como Ela poderia Ser

ensaio econômico de autoajuda coletiva

Capa e diagramação
José Micaelson Lacerda Morais

Revisão
Marciana Érika Lacerda Morais
Fabrisya Maria Saraiva Peixoto

A Sociedade como Ela É, a Sociedade como Ela poderia Ser: ensaio econômico de autoajuda coletiva. Edição revista e ampliada / José Micaelson Lacerda Morais. *Independently Published*, 2021 (2024).

ISBN-13: 979-8716617124

1. Economia 2. Sociedade 3. História 4. Política

Sumário

1. Para começar ...

Uma contradição social maior parece ser formada por um conjunto de contradições menores, todas interligadas. Se for possível eliminar algumas dessas contradições menores, o resultado pode ser significativo: o nível geral da contradição maior será reduzido. Com isso, talvez a contradição maior se torne mais acessível à análise e tratamento, permitindo que eliminemos ainda mais aspectos de sua complexidade. Repetindo esse processo, poderemos chegar a um ponto fundamental, um denominador comum. Esse ponto revelaria ao ser humano que, independentemente de nossa inteligência individual ou da riqueza material acumulada, todas as vidas humanas e não humanas são essencialmente iguais, em qualquer tempo e lugar deste mundo. Somente nesse momento, poderemos finalmente compreender a verdadeira natureza de nossa condição humana e o significado profundo da sociedade humana.

A ideia acima expressa propõe que as contradições sociais maiores – como as desigualdades e injustiças estruturais – são compostas por contradições menores, que são problemas ou tensões inter-relacionadas e que, juntas, sustentam a contradição global. Ao eliminar progressivamente essas contradições menores, o nível de complexidade da contradição maior é reduzido, tornando-a mais compreensível e passível de intervenção da direção, não de sua solução, já que contradições reais não se resolvem, mas de uma forma de sociabilidade/civilidade menos nociva e destrutiva que a forma capitalista. Essa visão sugere que as grandes desigualdades e divisões da sociedade podem ser desfeitas de maneira gradual, através de um processo consciente e contínuo de superação de conflitos menores. À medida que essa eliminação avança, a sociedade se aproxima de uma compreensão mais profunda da igualdade essencial entre os seres humanos, independente de diferenças materiais ou intelectuais.

A meta final desse processo seria a revelação de um princípio unificador: a igualdade fundamental da vida humana e não humana. Nesse ponto, haveria uma transformação de entendimento coletivo, em que a humanidade poderia finalmente reconhecer sua condição comum. Isso envolve a ideia de que, apesar das diferenças aparentes — como nível de riqueza ou inteligência —, as pessoas são iguais em sua essência e merecem o mesmo respeito e consideração. Essa linha de pensamento reflete uma visão de progresso social dialético, onde a solução de contradições gradativamente leva à emancipação humana e à compreensão mais profunda da natureza humana. É um processo que culmina na realização de uma sociedade mais justa e humana, na qual as divisões que historicamente fragmentaram as pessoas seriam finalmente superadas. No fundo, a proposta sugere que só ao entender as dinâmicas de nossas contradições — sociais, econômicas, políticas — é que seremos capazes de alcançar uma verdadeira compreensão de nossa própria humanidade e, por consequência, construir uma sociedade que reflita essa igualdade essencial.

Na economia, não saber como as forças do mercado, o capital (relações sociais de produção capitalistas, estrutura econômica da sociedade e valor que se valoriza através da apropriação do trabalho social), o trabalho e as crises, afetam a vida das pessoas, pode fazer com que alguém se sinta menos impactado por questões como desigualdade, inflação, ou precariedade do trabalho. Essa forma de pensar remete à expressão popular "a ignorância é uma benção", que sugere que, às vezes, não conhecer a realidade ou a profundidade dos problemas pode poupar as pessoas de frustrações ou ansiedades. A felicidade que surge dessa ignorância é "estranha" porque não é uma felicidade genuína baseada em um entendimento profundo da realidade, mas sim uma felicidade construída na superficialidade e no desconhecimento. É uma felicidade que ignora os problemas estruturais da sociedade, como as desigualdades econômicas, a pobreza, e a exploração do trabalho.

A economia influencia todos os aspectos de nossa vida, desde o acesso a bens e serviços até o tipo de trabalho que as pessoas desempenham e as oportunidades que podem ter. Não entender minimamente esses mecanismos e suas operações implica necessariamente ignorar as pressões sistêmicas que moldam nossas vidas. Situação que acarreta vivermos sob a ilusão de que os desafios da construção material da existência humana são pessoais, e não resultado de um sistema econômico que beneficia alguns em detrimento de outros. Embora pareça confortável aceitar a Economia como Ela É não é sustentável nem verdadeiramente libertador. Assim, a falta de conhecimento sobre as dinâmicas de exploração, desigualdade e alienação, características do capitalismo, pode até poupar o indivíduo de frustrações imediatas, mas o impede também de compreender as raízes de muitos dos problemas que afetam nossa vida cotidiana.

A verdadeira "felicidade", nesse sentido, está diretamente relacionada à emancipação — à capacidade de compreender a realidade de maneira crítica e, com base nesse entendimento, buscar transformações que melhorem a vida não apenas no nível individual, mas também e, principalmente, em termos coletivos; ou seja, em direção a uma sociedade mais justa e equitativa.

2. Onde nos encontramos?

Este ensaio aspira ser quase um romance. É a história de grandes sentimentos, de amor intenso, mas também de grandes conflitos. Seu enredo envolve personagens históricos, que moldaram e continuam a moldar nossa realidade: o Sr. Economia, a Sra. Sociedade Civil, o Sr. Estado, as Empresas e seus proprietários — as Pessoas Não Comuns —, e nós, as Pessoas Comuns. A única diferença entre as Pessoas Comuns e as Não Comuns é que estas últimas se apropriam privadamente de todo o excedente econômico produzido pela sociedade, dada sua propriedade privada dos meios de produção e subsistência.

Esta é a história de todos nós: de nossas contradições, superações, impasses e ameaças de própria extinção. É, em essência, a história de nossa **Condição Humana** – as características que definem nossa existência, como sentir, teorizar, planejar e projetar o futuro. Inclusive é uma história marcada pela ganância, exploração, expropriação, predação e alienação, que se manifesta na relação entre as Pessoas

Comuns e as Não Comuns, mediadas pelo Sr. Estado e pela Sra. Sociedade Civil. Nessa quadra histórica a **Condição Humana** ainda não se libertou totalmente de sua condição animal, especialmente no aspecto em que o pensamento, que deveria nos elevar, ainda é ofuscado pelo instinto da luta pela sobrevivência, tal como ocorre entre as vidas sem "consciência" que vivem da destruição de outras vidas na natureza selvagem.

Somos, sem dúvida, animais, e sempre seremos. Mas, não precisávamos ter trazido da natureza para a sociedade humana a luta pela existência. Acreditamos que nossa razão pode nos elevar a algo maior. No entanto, essa sempre foi a maneira de resolver as tensões na sociedade: por meio de uma civilizadamente selvagem luta de classes — o reflexo social da luta pela sobrevivência na natureza. Seja na disputa pela repartição do produto total da economia, seja pela apropriação privada do excedente econômico — aquela parte da produção que excede as necessidades imediatas da população.

O que precisamos compreender é que, enquanto houver distribuição desigual do excedente econômico, haverá luta de classes, mesmo que essa luta esteja disfarçada ou invisível aos olhos da maioria de nós. Afinal, a desigualdade na distribuição do excedente é a base de qualquer sociedade onde o trabalho humano não sirva para satisfazer as necessidades sociais, mas, sim, para alimentar um processo de acumulação (e concentração) de riqueza que é alheio aos que tem como única propriedade privada a sua força de trabalho. Nesse processo, espera-se que o trabalhador assalariado produza tudo, mas que receba apenas um salário que moderadamente garanta sua subsistência e reprodução como força de trabalho; um salário de subsistência ou por mérito, como prega a "boa" teoria econômica desde Adam Smith. Talvez seja chegada a hora de repensarmos socialmente o excedente econômico e sua distribuição.

Somos todos **filhos da natureza**, nascemos todos iguais diante dela. Porém, o Sr. Economia, a Sra. Sociedade Civil e o Sr. Estado nos deram uma segunda natureza: a realidade social, um espaço-tempo em que escrevemos nossa história. Além de nós, Pessoas Comuns, o Sr. Economia e a Sra. Sociedade Civil geraram outros filhos – as Empresas, cujos proprietários são as Pessoas Não Comuns. As empresas começaram como pequenos empreendimentos artesanais, cresceram em manufaturas, evoluíram para indústrias e, posteriormente, se mecanizaram, tornando-se as gigantescas indústrias que hoje conhecemos — os oligopólios e monopólios.

Tão autônomas essas empresas se tornaram que hoje controlam tanto a mãe quanto o pai: o Sr. Economia e a Sra. Sociedade Civil. O Sr. Estado e a Sra. Sociedade Civil também tiveram seus próprios filhos: as Organizações da Sociedade Civil (OSCs), instituições que não são nem empresas nem parte do governo, e que tentam, de alguma forma, mitigar o poder absoluto do Sr. Economia e do Sr. Estado sobre nós, as Pessoas Comuns. Faz-se interessante destacar o papel dessas instituições como mediadoras na relação entre o poder econômico e o poder político, sendo instrumentos essenciais para a democratização do poder e para a articulação de lutas que o Estado e o mercado negligenciam.

Não obstante, é fato de que muitas OSCs também enfrentam seus próprios desafios e limitações. Primeiramente, embora sua missão seja nobre, muitas vezes essas organizações estão dependentes de financiamento do próprio Sr. Estado ou até mesmo do Sr. Economia, o que compromete graus de sua autonomia. Em alguns casos, as OSCs se veem obrigadas a moldar suas pautas e ações para se adequar às exigências de seus financiadores, minando sua capacidade de "mitigar o poder absoluto". Embora as OSCs busquem dar voz às Pessoas Comuns, é importante reconhecer que nem todas conseguem representar de maneira equitativa os interesses de todos os grupos sociais. Algumas organizações são elitizadas ou trabalham de forma desarticulada com as realidades das populações mais vulneráveis, tornando-se, às vezes, distantes das demandas concretas da base social que pretendem atender.

E assim começa nossa história. A história de milhares de seres humanos que lutaram para construir uma forma de vida além da mera sobrevivência às intempéries da natureza ou da luta incessante entre eles mesmos e com outros animais, garantindo, dessa forma, a continuidade de sua existência material no tempo. Essa é uma história que revela a **capacidade humana** de pensar e criar estruturas complexas para formar a sociedade: a Economia, a Sociedade Civil; a Religião; o Estado; e a Cultura. Contudo, essa jornada não foi fácil. E, ao que tudo indica, ainda não atingimos nosso objetivo final como sociedade:

liberdade, igualdade, justiça e paz para todos os povos. Parece que o Sr. Economia e o Sr. Estado tomaram um caminho diferente, como podemos ver no mundo ao nosso redor.

A nossa história recente foi marcada por uma grave crise — uma infecção viral que abalou nossos personagens. Apesar das milhares de mortes, da queda brutal na atividade econômica, do aumento generalizado do desemprego e do agravamento das desigualdades entre ricos e pobres, nada parece ter mudado na relação entre o Sr. Economia, o Sr. Estado e a Sra. Sociedade Civil. Estamos apenas esperando o fim desta tragédia para retomar o curso habitual das coisas — o mais do mesmo.

****

Nossa aventura começa no presente, no dia 26 de fevereiro de 2021. Exatamente um ano, um mês e vinte e quatro dias após a primeira morte registrada causada por um novo vírus. Nesse curto intervalo de tempo, 2.497.406 vidas foram perdidas e o vírus já havia contaminado 112.553.181 pessoas ao redor do mundo. A doença do coronavírus (COVID-19), causada por um coronavírus recém-descoberto, afeta principalmente o sistema respiratório, mas também tem implicações neurológicas que podem persistir mesmo após a recuperação.

As estatísticas sobre a magnitude desse fenômeno sugerem um aumento drástico na mortalidade global. Em 2019, o número total de mortes no mundo foi de 2.845.793, e o novo coronavírus, em um curto espaço de tempo, praticamente duplicou esse número, atingindo países de maneiras e intensidades diferentes. No entanto, mesmo com um evento catastrófico de tamanha proporção, não houve mudanças significativas em nossa trajetória enquanto totalidade social. Continuamos imersos em uma jornada marcada por **violência exuberante** – de gênero, raça, credo, enfim, destruição sistemática de vida humana e não humana.

O impressionante avanço científico permitiu, em menos de um ano, o desenvolvimento de uma vacina que começou a ser administrada globalmente no início de 2021. Dependendo do alcance da imunização, espera-se que em breve a ameaça do vírus seja contida, e que possamos voltar à nossa rotina anterior.

Além dessa crise sanitária, o início de 2021 também foi marcado por um evento político dramático: a invasão do Capitólio nos Estados Unidos. No dia 6 de janeiro, durante a certificação da vitória do democrata Joe Biden, o então presidente Donald Trump convocou seus apoiadores para protestar contra o resultado da eleição, encorajando a invasão do Congresso, da qual ele próprio não participou, por razões óbvias. A invasão ocorreu mesmo assim. Os manifestantes atacaram o prédio no momento em que começava a contagem dos votos do Colégio Eleitoral. A votação foi temporariamente interrompida e retomada em local não revelado. Trump alegava, sem provas, que a eleição havia sido fraudada, quando, na verdade, ele mesmo representava a maior fraude enquanto homem político.

A invasão do Capitólio resultou em 5 mortos (incluindo 1 policial), 219 indiciados e 60 policiais feridos, dos quais 15 foram hospitalizados. Esse evento foi emblemático para a era contemporânea, pois revelou três grandes fenômenos interrelacionados: a negação da democracia, a negação do outro e a negação de si mesmo. Esses fenômenos, complexos e multifacetados, envolvem um emaranhado de fatores que desafiam qualquer observação totalizadora, mesmo para os olhos mais experientes. Podemos apenas identificar tendências, explosões momentâneas e interações sutis entre eles, que juntos revelam um mundo distinto daquele que estamos acostumados a enxergar. Um mundo que combina os pesadelos de "1984", de George Orwell, e "Admirável Mundo Novo", de Aldous Huxley, em um desconfortável abraço.

A negação da democracia é um fenômeno que pode ser entendido como uma forma de "saída" da própria democracia, mas sem abandoná-la de fato. É uma saída simbólica, pois a confiança no sistema democrático se esvai, ainda que ele continue existindo. A democracia, agora desgastada, não é mais uma questão meramente política, mas um instrumento econômico que se transformou em **plutocracia** – o governo dos ricos. Tornou-se um governo de poucos, para poucos. A representatividade foi transposta para o nível das ilusões, uma forma de alienação que cegou a maioria para as forças econômicas que movem as decisões políticas. Nós, as Pessoas Comuns, estamos tão à mercê do sistema hoje quanto estávamos na época da escravidão ou da servidão. Somos todos servos do Sr. Capital.

Para nós, Pessoas Comuns, o capital é simplesmente dinheiro – algo que usamos no cotidiano para satisfazer nossas necessidades ou um instrumento de troca representado no dinheiro. Mas, para o Sr. Capital, dinheiro é tanto a expressão da riqueza quanto a própria riqueza em si. É uma riqueza abstrata, representada por um pedaço de papel ou por números em uma conta bancária, que simboliza toda a produção material de uma sociedade. Nesse ponto, capital e riqueza parecem se confundir, mas a realidade é diferente.

A riqueza não é dinheiro, e o capital não é uma simples coisa. A riqueza é o resultado material do trabalho social humano em movimento, a produção de utilidades sociais – ou, em outras palavras, mercadorias. O capital, por outro lado, é a maneira como essas mercadorias são apropriadas e concentradas em poucas mãos, ao invés de servirem à sociedade como um todo. Quem transforma o dinheiro em capital é a empresa, que retém a parte excedente da produção, mesmo que essa tenha sido gerada socialmente. A apropriação do excedente, que deveria beneficiar a sociedade, é feita de forma privada, e a posse desse excedente é a posse da riqueza material da sociedade. Assim, o capital não é um simples objeto, mas uma relação social baseada na apropriação do excedente econômico. E nós, as Pessoas Comuns, como não nos apropriamos desse excedente, tornamo-nos servos do Sr. Capital.

Essa servidão está ligada à negação de nós mesmos. Negamos nossa própria condição enquanto seres econômicos, políticos e sociais, não de forma consciente ou autônoma, mas por meio da aceitação passiva de um sistema que nos convence de que o salário é um pagamento justo por nosso trabalho, ignorando o excedente que geramos e não recebemos, para além do salário. Ao longo da história, fomos convencidos por diversos meios — pela violência, pela religião, pela ideologia —, mas nada foi tão eficaz quanto a nova forma de dominação: a Deusa da Tecnologia da Informação.

Essa novíssima tecnologia, manipulada pelas empresas de última geração, direciona nossas necessidades e desejos de forma artificial, remodelando o comportamento social conforme os interesses do capital. Querem que sejamos de direita? Assim nos tornamos. Querem que sejamos de esquerda? Também nos tornamos. Se desejam conflito, basta apertar um botão. Se desejam influenciar uma eleição, fazem acontecer.

Ao negar a nós mesmos, também negamos o outro. Esse fenômeno reflete o renascimento do liberalismo como ideologia dominante, agora travestido de modernidade sob o nome de neoliberalismo. É o "cada um por si" levado ao extremo. O sentido do coletivo foi suprimido.

É uma forma de pensar estranha, pois, se a sociedade é composta por indivíduos singulares, também enfrenta questões maiores que as preocupações individuais. Questões de saúde pública, educação coletiva e outras necessidades sociais deveriam ser prioridade quando vivemos em sociedade. Mas, não é isso que nos permitem acreditar. A produção não é social; a saúde, tampouco.

19

As necessidades sociais são reduzidas a simples necessidades individuais, e assim, negamos nosso caráter de sociedade.

Há tempos personalizamos a política. Votamos em figuras mitológicas e excêntricas, não em projetos de governo. Nossos presidentes estão mais próximos de antigos reis, senhores feudais ou estrelas midiáticas do que de gestores sociais. Não é de se surpreender, pois o poder econômico há muito ultrapassou o poder político da Sociedade Civil. Os governos tornaram-se meros administradores do *status quo*, aguardando as ordens das grandes empresas. A mercantilização da política resultou em sua perda de autonomia frente aos desígnios do capital.

Destarte, nós, as Pessoas Comuns, enquanto Sociedade Civil, e o próprio Sr. Estado, nos tornamos submissos à lógica da acumulação privada de riqueza abstrata, ao processo de apropriação do excedente econômico produzido coletivamente. Hoje, as máquinas administrativas governamentais se comportam como grandes empresas, enriquecendo seus administradores e as corporações que lhes prestam serviços. Não existe um programa social, nem uma visão de sociabilidade. A sociedade e a convivência são tomadas como garantidas, e nossa pobreza e riqueza não são vistas como problemas sociais, mas como processos naturais. Tudo o que resta é administrá-los – seja em tempos de crescimento econômico, seja em tempos de crise, criados pelo próprio crescimento descontrolado do capital. Nossa história social é, acima de tudo, uma história de luta pela apropriação do excedente econômico, onde os interesses da Sra. Sociedade Civil foram abafados pelo poder do Sr. Economia e do Sr. Capital.

****

O CAPITAL

Em um tempo de convulsões e mudanças,
Surge uma obra de profundidade extrema.
O Capital, um livro monumental e complexo,
Escrito por Karl Marx, pensador audaz e perspicaz.

Nas páginas desse épico tratado,
Desvendam-se os mecanismos do sistema, com
fôlego renovado.
Com palavras afiadas e argumentos incisivos,
Marx nos guia por uma jornada de análise profunda.

O primeiro volume é um mergulho nas entranhas do
valor,
Onde o trabalho humano se torna a medida do seu
esplendor.
Marx desmistifica a mercadoria, desvelando sua
essência,
Demonstrando que seu valor é determinado pelo
trabalho em sua essência.

No segundo volume, adentramos o reino da
circulação,
Onde o dinheiro se transforma em capital, numa
busca sem ilusão.
Aqui, Marx revela a lógica do mercado e sua
voracidade,
Enquanto a classe trabalhadora enfrenta a opressão e
a insegurança com tenacidade.

No terceiro volume, adentramos a esfera produção
capitalista em sua totalidade,
Onde a exploração do trabalho se torna uma terrível
constatação.
Marx descreve as leis que regem a taxa de lucro,
Enquanto a classe trabalhadora sofre com a
exploração que perdura.

Através de suas páginas densas e intricadas,
Marx revela as contradições inerentes ao sistema em
suas camadas.
Ele expõe a exploração da classe trabalhadora,
Que produz riquezas, mas é privada de sua própria
melhora.

A teoria da exploração de Marx é uma denúncia,
Um chamado à ação e à luta por justiça e equidade.
Ele desvela as injustiças do sistema capitalista,
E nos incita a buscar alternativas para além dessa
matriz.

Através de sua análise minuciosa,
Marx aponta para a necessidade de superar o sistema
com ousadia.
Ele nos convida a imaginar uma sociedade diferente,
Onde a exploração seja substituída por uma relação
mais coerente.

O Capital é um épico poema de crítica,
Que nos impulsiona a lutar por uma mudança
genuína.
Marx nos desafia a questionar as estruturas
estabelecidas,

E a construir um futuro mais justo e comprometido com a vida.

Que as palavras de Marx ecoem além do tempo,
Inspirando gerações a buscar um mundo mais amplo.
Que a análise profunda de O Capital permaneça conosco em seu legado grandioso.

3. Como chegamos até aqui?

A história econômica do desenvolvimento capitalista é marcada por conflitos e violência. Optamos por um tipo de propriedade que gerou uma série de tensões contínuas entre o Sr. Economia e a Sra. Sociedade Civil, com o Sr. Estado frequentemente oscilando entre os dois, mas, de modo geral, sempre favorecendo o Sr. Economia. Esse embate se estendeu aos "filhos" da sociedade. As Empresas, baseadas na propriedade privada capitalista (para diferenciar de outras formas históricas de propriedade), adotaram estratégias para reter todo o excedente econômico, acumulando e concentrando riqueza social nas mãos de poucos "privilegiados". Assim, dividiram os filhos da Sra. Sociedade Civil entre ricos e pobres; nos termos de riqueza e pobreza da modernidade, também distinto de outras formas históricas relacionadas a esses dois termos.

Ao perceber o sofrimento de muitos de seus filhos, a Sra. Sociedade Civil tentou criar instituições para mitigar as desigualdades geradas pela propriedade privada capitalista. Ela apelou ao Sr. Estado para apoiar suas preocupações, mas já era tarde demais. O Sr. Estado previamente havia sido persuadido pelas Empresas de que qualquer coisa contrária ao lucro e à acumulação seria também contrária ao bem-estar da sociedade como um todo. Desse modo, as Empresas continuaram a fazer o que sempre fizeram: gerar lucro e acumular riqueza em uma escala cada vez maior. E, após conhecerem o Sr. Progresso Técnico, conquistaram uma força avassaladora, passando, então, a comandar tanto o destino do Sr. Estado quanto da Sra. Sociedade Civil.

De certo modo, foram as Empresas que nos libertaram das forças da natureza. O crescimento econômico passou a ser intencional, menos dependente das estações e das intempéries climáticas como no passado. A vida cotidiana, sob certos aspectos, pareceu se tornar mais fácil, com a satisfação de muitas das nossas necessidades básicas. As Empresas nos trouxeram uma infinidade de mercadorias, tantas que nem sempre sabemos qual a real utilidade de algumas. Contudo, o preço social dessa abundância tem sido altíssimo.

Ao longo do tempo, a propriedade privada capitalista revelou-se um grande problema. Enquanto as Empresas acumularam cada vez mais, nós, as Pessoas Comuns, que só acumulamos nossa força de trabalho, nos tornamos meros apêndices, mercadorias a seus olhos. Fomos divididos entre os que produzem diretamente, os que administram e os que pensam nas próximas etapas do processo produtivo.

Nossa mãe, a Sra. Sociedade Civil, nos havia prometido liberdade, igualdade e igualdade. Porém, esses valores foram reduzidos a meras formalidades pelas Empresas. Elas nos dizem que, se trabalharmos duro e por toda a vida, também poderemos nos tornar como elas, no sentido de acumular riquezas de forma incessante. Essa ilusão nos alienou.

Muitos de nós nem percebemos que trabalhamos a vida inteira não para nossos próprios objetivos, mas para satisfazer o apetite insaciável das Empresas por lucro. Talvez a alienação tenha sido tão eficaz que nem pensamos em nossos próprios desejos, tanto como indivíduos quanto como membros da sociedade.

A propriedade privada capitalista e a apropriação privada do lucro criaram um problema social crônico. Não corresponderam em nada ao que a Sra. Sociedade Civil havia planejado para seus filhos: liberdade, igualdade, justiça e paz. Esse processo, de certa forma, foi sancionado e até promovido pelo Sr. Estado. Nesse sentido, a violência, a desigualdade e a "crueldade" dos processos naturais foram transpostos para os processos sociais, configurando o mundo contemporâneo. A Sra. Sociedade Civil e seus filhos, divididos entre ricos e pobres, ficaram subjugados pelas Empresas. O Sr. Estado também se rendeu às vontades das Empresas, contrariando os interesses da Sra. Sociedade Civil e de todos os seus filhos que não são Empresas.

As Empresas evoluíram tanto que ultrapassaram as formas tradicionais de dominação, expropriação e exploração. Agora, com o uso da Inteligência Artificial e outros apetrechos tecnológicos de última geração, manipulam mentes e corações, controlam comportamentos sociais, fazem eclodir conflitos de todas as ordens, e até influenciam eleições presidenciais.

****

Não precisamos voltar à Idade da Pedra, nem à Idade dos Metais (do cobre, do bronze e do ferro), tampouco às épocas da Antiguidade ou Idade Média, que já foram amplamente abordadas nos livros de história, como forma de reestabelecer determinados graus de **sociabilidade/civilidade**; não existe saudosismo aqui. O mundo contemporâneo é o da grande indústria, que transformou radicalmente o processo produtivo e, ao mesmo tempo, deu autonomia ao Capital. É a partir deste ponto que precisamos pensar novas formas de **sociabilidade/civilidade**. Essa autonomização do Capital consiste na submissão de tudo e de todos a um único objetivo: a ampliação dos lucros das Empresas. Embora esse objetivo se apresente como sendo de interesse social, é, na verdade, exclusivamente empresarial. Tal processo resultou na subordinação dos mercados de produtos, dos fatores produtivos (terra, trabalho e capital), do Progresso Técnico e da própria sociabilidade ao lucro das Empresas e à acumulação de Capital.

Paralelamente à autonomização completa do Capital, o século XX foi marcado por uma certa peculiaridade da luta de classes, inexistente em fases anteriores do capitalismo e que se manifestou de maneira emblemática. Vimos tanto sua "normalização" dentro do capitalismo quanto o surgimento, desenvolvimento e, em alguns casos, declínio ou transformação de revoluções socialistas e movimentos anticolonialistas. Curiosamente, nem mesmo essas revoluções socialistas conseguiram eliminar a luta de classes.

O século XX pode ser descrito como o "curto século das transições". Curto, porque o modelo predominante de acumulação – o lucro obtido principalmente no setor produtivo – teve uma duração limitada, e também porque representou uma forma específica de relação entre Trabalho e Capital, entre Pessoas Comuns e Não Comuns.

No que se refere à relação entre Trabalho e Capital, assistimos à racionalização da produção com o taylorismo e o fordismo, que estabeleceram uma conexão entre a taxa salarial e a produtividade. Porém, foi apenas com o Estado de bem-estar social, no período entre o final da Segunda Guerra Mundial e o final dos anos 1970, que, nos países do capitalismo central, vimos um breve recuo da exploração capitalista, impulsionado pelas elevadas taxas de crescimento econômico e pela pressão dos trabalhadores.

A partir da **Revolução Técnico-Científico-Informacional**, que teve início na década de 1960(70), vivemos uma mudança fundamental: a forma predominante de acumulação deixou de ser industrial e passou a ser financeira. Essa transição é ainda mais problemática para a sociedade e para as relações entre Trabalho e Capital, pois no setor financeiro o dinheiro gera mais dinheiro diretamente, sem necessidade de intermediação pelo processo produtivo. Assim, as ocupações geradas por esse setor ou são altamente valorizadas, como as de executivos (como o Chief Executive Officer - CEO), ou extremamente desvalorizadas, como os trabalhos de serviços gerais necessários para seu funcionamento.

Entre o fordismo e a Revolução Técnico-Científico-Informacional, o mundo passou por três ajustes espaciais violentos: a Primeira Guerra Mundial, a Grande Depressão e a Segunda Guerra Mundial. Esses ajustes espaciais são momentos históricos em que o Capital necessita se renovar, seja por meio da destruição relativa do capital, da conquista de novos mercados, de guerras ou de inovações tecnológicas. As inovações, embora essenciais para melhorias nas condições sociais, também têm concentrado ainda mais riqueza nas mãos das Empresas, ao mesmo tempo em que causam efeitos extremamente nocivos para o mundo do trabalho, para a sociabilidade e meio ambiente. O avanço tecnológico, a terceirização e a "uberização" do trabalho (delas resultante) têm contribuído tanto para o aumento do empobrecimento quanto para a precarização das condições de trabalho das Pessoas Comuns.

No século XX, também presenciamos várias lutas anticapitalistas, como a Revolução Russa (1917), a Revolução Chinesa (1949), a Revolução Cubana (1959) e as lutas de independência nacional nas décadas de 1950 e 1960.

Posto isto, um quarto ajuste espacial teve início nos anos 1970, quando os sistemas industriais da Europa e da Ásia foram reconstruídos após os escombros da Segunda Guerra Mundial. O Capital, em crise, encontrou uma nova força colossal nas Novas Tecnologias da Informação (TICs), implementando, assim, uma transformação proporcionalmente colossal em todos os aspectos da sociedade.

Essa nova era de mundialização do capital não apenas anulou as experiências anticapitalistas, mas também subjugou todos os aspectos da vida – social, econômica, política e ideológica – aos imperativos econômicos capitalistas. Esse processo ressignificou o Estado, as relações internacionais, a política e o trabalho, e, em última instância, instalou um processo integral de desumanização do ser humano. O que vemos hoje pode ser o estágio final de nossa alienação: a fetichização do próprio ser humano.

Hoje, além do fetiche da mercadoria e do dinheiro, parece haver outro de natureza extremamente implacável: a fetichização do próprio ser humano em suas relações sociais. Podemos expressá-lo, parodiando Karl Marx, da seguinte forma: talvez o valor de uso do ser humano – sua capacidade de ser consciente e autônomo como ser social – tenha algum interesse para o capital, mas, entre nós, como homens-coisas, esse valor de uso não importa. O que importa é o quanto podemos ser explorados (isto é, gerar mais valor). Não reclamamos disso, pois fomos convencidos pelo sonho da riqueza abstrata que nos espera no fim do caminho. Porém, essa circulação de nós mesmos como coisas-mercadorias nos condena a uma alienação perpétua, tanto no plano vertical (entre capital e trabalho) quanto no plano horizontal (entre nós, como indivíduos). Relacionamo-nos uns com os outros apenas como valores de troca, cada vez mais isolados e desumanizados pelas novas tecnologias.

A fetichização do ser humano ocorre quando as relações sociais são mediadas pela desumanização e reificação do indivíduo. Essa dinâmica, intensificada pela Revolução Técnico-Científico-Informacional, proporciona ao mesmo tempo uma falsa sensação de autonomia, liberdade e autoconhecimento. Daí o seu sucesso no mundo atual.

Enquanto este livro era escrito (2021), um debate acalorado se desenrolava nos EUA sobre o aumento do salário-mínimo para US$ 15 por hora. Desde, 2007, o salário-mínimo federal é de US$ 7,25 por hora. Estima-se que um aumento para US$ 15 poderia tirar quase um milhão de americanos da pobreza e elevar os salários de até 27 milhões de pessoas, mas também poderia resultar na perda de até 1,4 milhão de empregos. No entanto, o que realmente deveria estar em discussão é porque o salário-mínimo existe. Se as necessidades sociais são iguais do ponto de vista dos serviços coletivos, nada seria mais justo que estabelecer rendimentos iguais para toda a população.

Também deveríamos discutir a função social da produção e da propriedade privada capitalista. Não como instrumentos de acumulação desenfreada de riqueza abstrata, mas como meios de prover habitação, saúde, educação, transporte e infraestrutura produtiva e social para todos. Em outras palavras, parece que o Sr. Estado não pode resolver as contradições da sociedade capitalista, pois ele próprio está imerso nessas contradições.

A TRANSFORMAÇÃO DO DINHEIRO EM CAPITAL

No capítulo que desvela a realidade,
O dinheiro se transforma em crueldade.
Marx, com sua visão crítica e profunda,
Nos conduz pela história que nos afunda.

O dinheiro, símbolo de trocas e valores,
Na sociedade capitalista, traz dores.
Pois quando se converte em capital,
Cria um ciclo vicioso, injusto e fatal.

O capital, sedento por acumulação,
Explora o trabalho, a exploração em ação.
Transforma o trabalhador em mercadoria,
Extraindo dele mais-valia.

O dinheiro, que outrora era meio de troca,
Agora aprisiona, como uma rocha.
No ciclo perverso do modo de produção,
O trabalho se torna alienação.

O operário, vendendo sua força de trabalho,
Enriquece o capital, num jogo sombrio e arcaico,
Enquanto a classe dominante acumula riqueza,
A classe trabalhadora vive a tristeza.

No vasto reino do capital, três formas se destacam,
O mercantil, o industrial e o bancário se enlaçam.
Três facetas complexas do mesmo sistema trino,

Onde a acumulação e o lucro se tornam divino.

O capital mercantil, como ponto de partida,
Engendra a busca incessante por mercadoria.
Compras e vendas movimentam os negócios com
fervor,
O comércio, a circulação, a busca por valor.

O mercador, hábil negociante e estrategista,
Compra barato e vende caro, a margem conquista.
O lucro é sua meta, o movimento é incessante,
Atravessando fronteiras, em busca do ganho
constante.

Mas o capital mercantil almeja crescimento,
Transforma-se, então, em capital industrial, em
complemento.
Nas fábricas e nas máquinas, a produção se desvela,
O valor é criado, a riqueza se revela.

O capital industrial é o coração da produção,
Onde matérias-primas se tornam riqueza em
profusão.
Máquinas zumbindo, trabalhadores incansáveis,
Criando valor, gerando riqueza inegáveis.

No âmago do capital, surge o capital bancário,
O domínio financeiro, poder extraordinário.
O dinheiro, o poder nas mãos dos poucos,
Empréstimos, investimentos, jogos de lucros loucos.

O capital bancário, controlando a economia,
Especulações, investimentos, a ciranda de ousadia.

Os bancos, senhores do dinheiro e do poder,
Manipulam a riqueza, influenciam o crescer.

No entrelaçamento dessas formas de capital,
Relações de poder e exploração se revelam ao total.
Os capitalistas, donos dos meios de produção,
Acumulam riquezas, geram desigualdade em
profusão.

Mas no seio do capital, o conflito emerge,
A luta de classes, a resistência que se insurge.
Enquanto o capital busca acumular sem trégua,
A classe trabalhadora busca uma vida menos árdua.

O capital mercantil, industrial e bancário,
São pilares que sustentam um sistema mal
necessário.
Mas na tessitura do tempo e da história,
Estamos na luta por um mundo mais justo e
humano,
Onde o capital não seja o senhor soberano..

4. A sociedade que poderíamos ser

A mãe, a Sociedade Civil, agora clama pela ação de seus filhos, aqueles que foram deixados para trás. Somente eles têm a capacidade de enfrentar os subjugadores. Apenas a força coletiva que eles representam pode se opor à dominação, opressão, exploração e expropriação exercidas pelo Sr. Economia e pelo Sr. Estado.

Chegou a hora de dizer basta! É o momento de lutar para transformar o sonho de liberdade e igualdade em realidade. Se uma nova sociabilidade já existe em nossa mente, ela pode se tornar real no mundo — ainda que isso exija derrubar deuses. E essa será a nossa tarefa: destronar o deus da riqueza abstrata (o Capital, suas representações materiais, a mercadoria e o dinheiro) e a forma de uso da deusa tecnologia da informação, com seus instrumentos de manipulação e alienação — a mídia, os algoritmos e a digitalização da própria vida.

Esse será o caminho para desmantelar os poderes opressores do Sr. Economia e do Sr. Estado.

Devemos priorizar os bens sociais, retirando-os da lógica de acumulação e concentração privada de riqueza abstrata, e restaurar seu caráter social.

As mercadorias, que satisfazem necessidades individuais, também devem recuperar sua utilidade social, e não mais servir para acumulação de riqueza em detrimento dos indivíduos comuns — nós, as Pessoas Comuns.

Devemos lembrar que o excedente econômico é um resultado social. Assim, sua aplicação também deve ser social. Não pode e não deve servir como instrumento de distinção entre as Pessoas Comuns e Não Comuns; sua natureza é essencialmente social. Se o lucro é a forma como o excedente econômico se manifesta na economia contemporânea, ele deve ter dois destinos: ampliar e modernizar a produção e expandir as atividades voltadas ao atendimento das necessidades sociais de forma igualitária para todos. Portanto, nem a mercadoria, nem o dinheiro, nem o Capital precisam ser eliminados da sociedade. Eles podem ser ressignificados. Devem deixar de atender interesses egoístas privados e assumir suas funções coletivas: satisfação de necessidades individuais e sociais, troca, e o aprimoramento das atividades produtivas.

A mercadoria, outrora um objeto material (ou imaterial) para satisfazer necessidades do corpo e do espírito, hoje é um poderoso instrumento de alienação de corações e mentes. E a deusa Tecnologia comandada pelo Sr. Capital está por trás de tudo isso. Vejamos o exemplo do telefone celular: ele se apresenta como indispensável para nossas tarefas diárias, mas ao mesmo tempo rouba nosso tempo, bem como nos faz trabalhar gratuitamente para as *Big Techs* (grandes empresas de tecnologia que dominam o mercado global de tecnologia da informação e comunicação). Porém, nos faz acreditar que isso é ganho – mais conhecimento, mais autonomia, mais interação social. Será, realmente, que estamos conquistando autonomia individual? Conhecimento? Uma interação social saudável?

Na verdade, parece muito mais uma grande distração. Enquanto isso, nossos dados, interesses, medos, anseios e necessidades – nossos sentimentos – são coletados artificialmente para aumentar os lucros das Empresas. O resultado final é o estabelecimento de formas extremamente efetivas de manipulação e controle individual e social: manipulação, porque dirigem nossa atenção, e controle, porque dirigem nossas intenções.

A nossa mãe, a Sra. Sociedade Civil, já não aguenta mais tanta polarização entre seus filhos. Enquanto o lucro acumulado de forma privada continuar existindo, ela nunca realizará seu desejo. Precisamos rasgar o véu que nos cega e abrir caminho para um mundo verdadeiramente social, onde o Valor Social, como horizonte da sociabilidade, tenha um sentido coletivo. Este termo foi utilizado por Gunnar Myrdal em seu livro "Aspectos Políticos da Teoria Econômica". Para ele, o Valor Social refere-se à importância e ao impacto das decisões econômicas não apenas em termos de eficiência ou produtividade, mas também em suas consequências sociais e políticas. Ele argumentou que as atividades econômicas devem ser avaliadas considerando seus efeitos sobre a sociedade como um todo, incluindo fatores como equidade, justiça social e bem-estar coletivo. Assim sendo, Myrdal, destaca a interconexão entre economia e política, enfatizando que as ações e políticas econômicas devem ser orientadas por um entendimento mais amplo das necessidades e aspirações da sociedade.

Basta de lucro privado capitalista e acumulação desenfreada de riqueza abstrata como valor primordial. Nem mesmo a Tecnologia da Informação, com suas distrações mais deslumbrantes, pode mais nos iludir sobre a ficção do salário ou sobre a naturalidade da distribuição atual do produto social. Tampouco, pode nos fazer crer que o Estado não representa os interesses do Sr. Economia em detrimento da Sra. Sociedade Civil e, consequentemente, das Pessoas Comuns.

Cada casa, cada escola e cada local de trabalho deve se tornar um espaço de luta para as Pessoas Comuns. Libertemos nossa mãe, a Sociedade Civil, porque sua liberdade é a nossa autonomia. E sua autonomia é a chave para submeter o Sr. Economia e o Sr. Estado ao Valor Social. Esse é o caminho para uma nova sociabilidade, cujo Valor Social primordial seja a Condição Humana – a garantia de liberdade, igualdade justiça, paz e reciprocidade entre os seres humanos.

Já fomos escravos e servos. Fomos subjugados por poderes sobrenaturais, poderes divinos de reis e de senhores feudais ao longo da história. Hoje somos assalariados, juridicamente livres, mas ainda escravos do Sr. Economia. No entanto, agora temos como lutar. Descobrimos o segredo da exploração e da expropriação, a razão da existência de ricos e pobres: a apropriação privada do excedente econômico produzido socialmente. Lutemos para tornar esse excedente verdadeiramente social. Só assim, igualdade jurídica e igualdade econômica poderão se tornar normas sociais.

Precisamos progredir na lutar para despersonalizar o Sr. Estado. Ele deve representar o que se espera: os desejos da Sra. Sociedade Civil. Sendo a forma política da Sociedade Civil, sua condução não deve jamais estar associada a uma única pessoa, por mais "singular" que essa pessoa pareça ser. Ele deve ser conduzido por Conselhos Comunitários, representando todos os poderes e órgãos, e seus representantes devem ser profissionais de carreira — funcionários concursados — que, de tempos em tempos, se revezem nos cargos de direção a partir do voto de seus pares. Ministérios e secretarias devem funcionar da mesma forma, de maneira impessoal, não por mando e demanda da vontade de políticos particulares de conveniência.

No caso do poder executivo (presidente, governador, prefeito), se alcançarmos o objetivo de utilizar o excedente econômico de forma social, suas funções se limitarão basicamente ao acompanhamento e à modernização da sociedade, para que igualdade e liberdade caminhem lado a lado com o crescimento econômico. Mas, por que não pensarmos no executivo na forma de Conselhos Comunitários também? Nós, as Pessoas Comuns, não podemos e não devemos confiar o destino de uma cidade ou de um país a um único ser humano. A solução deve ser outra: Conselhos como instituições que substituirão a solução personalizada dos mandos e desmandos do poder político em todas as suas esferas sociais.

****

SE UMA SOCIABILIDADE DE IGUALDADE E LIBERDADE É REAL NA NOSSA MENTE, ELA PODE SER REAL NO MUNDO.

RENDIMENTOS MONETÁRIOS IGUAIS PARA IGUAIS NECESSIDADES SOCIAIS, INDEPENDENTEMENTE DE QUALQUER FUNÇÃO SOCIAL.

NÃO AO LUCRO E AO SALÁRIO! SIM PARA REPARTIÇÃO DO EXCEDENTE ECONÔMICO TOTAL DE FORMA IGUALITÁRIA PARA TODOS OS MEMBROS DE UMA SOCIEDADE!

"TRABALHADORES ASSALARIADOS DO MUNDO UNI-VOS!"

****

Há uma vasta diversidade de livros de autoajuda pessoal, que atendem diferentes perfis e necessidades. Entre esses, também existem obras voltadas para grupos sociais específicos, oferecendo um leque abrangente de possibilidades. Todavia, o que propomos aqui é uma reflexão a partir de um livro de autoajuda coletiva. Não coletiva em termos de classe, gênero, raça ou região, mas no sentido humano universal. Este livro se dirige a todos os indivíduos, naquilo que compartilham de mais profundo: a **Condição Humana**.

Imagine o sistema econômico como uma grande engrenagem de produção e circulação de mercadorias e dinheiro, estruturada em um intrincado sistema de compensações. Dentro desse sistema, podemos identificar três tipos principais de mercadorias. Primeiro, aquelas destinadas ao consumo final, que atendem necessidades materiais e imateriais, tanto individuais quanto sociais. Segundo, as mercadorias intermediárias, que são insumos absorvidos no processo de produção de outras mercadorias. Terceiro, os bens duráveis, como máquinas e infraestrutura, que formam a base para a produção e se mantêm por vários ciclos produtivos. Além desses, podemos pensar em um quarto tipo de mercadoria: o conhecimento acumulado ou progresso técnico, que requer trabalho contínuo e é incorporado nas outras três mercadorias ao longo do tempo.

Para que uma sociedade funcione se faz necessário que essas quatro mercadorias estejam em circulação. Nenhuma empresa produz para si mesma; sua produção deve ter utilidade social para que as mercadorias possam circular. Essa circulação ocorre por meio de trocas, e a última etapa de intermediação é o dinheiro, o equivalente universal que representa o valor de todas as mercadorias, expresso em preços.

O dinheiro, outrora vinculado ao valor de metais preciosos como ouro e prata, evoluiu para se desvincular completamente de sua materialidade, tornando-se uma abstração digital, criptografada e transacionada em alta velocidade por meio de redes eletrônicas. O dinheiro, hoje, inverteu as qualidades humanas, definindo as pessoas não por suas capacidades, mas por seu poder de compra. Não para as Pessoas Comuns, mas para as Empresas, ou as chamadas Pessoas Não Comuns, que podem adquirir tudo, até mesmo a humanidade. Esse novo "deus" precisa ser destronado pelas Pessoas Comuns.

Até aqui, vimos duas grandes esferas da economia: a produção e a circulação. A terceira esfera, a distribuição, é onde os problemas se intensificam. Na produção, as mercadorias não são criadas para atender diretamente às necessidades das pessoas, mas sim para gerar lucro, ainda que esse lucro, por consequência, satisfaça parte das necessidades sociais. O lucro, portanto, é o verdadeiro objetivo, e sua apropriação privada pelas Empresas e, consequentemente, sua acumulação pelas Pessoas Não Comuns, se torna o centro da economia.

O lucro não é a diferença entre o custo total de produção e a receita das vendas. Tradicionalmente, o lucro é entendido como a diferença entre o custo total de produção (incluindo insumos, trabalho, etc.) e a receita obtida com a venda dos produtos ou serviços. No entanto, sob uma ótica mais crítica, o lucro não é apenas uma simples diferença contábil, mas sim a parte do excedente social que é apropriada privadamente pelos proprietários do capital. O excedente social refere-se ao valor que é produzido além do necessário para a reprodução dos meios de produção e da força de trabalho. Em outras palavras, após o trabalho ter gerado o suficiente para cobrir o que é pago em salários e os custos dos insumos, o restante é o excedente. Esse excedente, em vez de ser redistribuído de forma justa ou investido em benefícios coletivos, é apropriado por aqueles que controlam o capital, ou seja, os capitalistas. Portanto, o lucro, na sua essência, representa essa apropriação privada de um valor que foi gerado socialmente pelo trabalho coletivo.

A organização da sociedade começa a se "corromper" a partir da maneira como o lucro é compreendido. Ao confundir a apropriação privada do lucro com os objetivos sociais, criamos uma dinâmica invertida, onde o individual se sobrepõe ao coletivo. O excedente econômico, ao se tornar objeto de apropriação privada, torna-se também uma ferramenta de exploração e alienação.

Na teoria econômica tradicional, o produto é dividido conforme a participação de cada fator produtivo: o capital recebe lucro e juros, o proprietário da terra, aluguel, e o trabalhador assalariado, salário. Não obstante, nunca houve, nem haverá, justiça distributiva nesse arranjo. O uso comum do termo "propriedade" está associado à acumulação de riqueza material, e as Pessoas Não Comuns sempre terão vantagem na apropriação do excedente econômico. Esse processo se revela como uma forma de expropriação contínua, onde o produto coletivo da sociedade é apropriado de maneira desigual, perpetuando a exploração. Embora tenhamos avançado enormemente em termos do potencial de nossas forças produtivas, ainda mantemos uma forma de sociabilidade arcaica, com profundas desigualdades sociais e ambientais.

Nós, as Pessoas Comuns, não nos opomos às empresas, nem à sua expansão, mas é necessário que o excedente econômico seja distribuído de forma mais equitativa, para que o as benesses do progresso não se concentrem apenas nas mãos das Pessoas Não Comuns.

Apesar de termos passado do escravismo ao capitalismo, o que permanece constante é a exploração das Pessoas Comuns. Embora sejamos juridicamente livres, economicamente, continuamos escravos do lucro e da apropriação privada do excedente. A forma salário, tal como existe hoje, permite apenas uma sociabilidade precária entre os indivíduos.

Em suma, a igualdade jurídica não pode coexistir com a desigualdade econômica. Para que haja uma verdadeira transformação social, é necessário reequilibrar o lucro e o salário, ressignificando o papel de ambos na sociedade. A igualdade econômica é uma condição imprescindível para a igualdade jurídica.

Por fim, a meritocracia, princípio moderno de distribuição, apenas reforça as desigualdades econômicas. As diferentes funções sociais são remuneradas de forma desigual, resultando na criação de dois polos: um de riqueza e outro de pobreza. A distribuição do excedente, se baseada na Condição Humana, deve considerar que todas as funções sociais são igualmente importantes e, portanto, devem ser remuneradas de maneira equivalente. Precisamos, assim, repensar o papel do dinheiro, da mercadoria e do capital, para que deixem de ser instrumentos de exploração e se tornem meios de alcançar uma nova forma de sociabilidade/civilidade. É necessário negar o dinheiro como ferramenta de acumulação pessoal desenfreada, ao mesmo tempo em que o aceitamos como meio de troca. Devemos negar a mercadoria como instrumento de dominação social, mas aceitá-la como utilidade social. E devemos negar o capital como busca infinita de lucro, ao mesmo tempo que o investimento como elemento necessário para a modernização das forças produtivas.

A verdadeira liberdade exige sacrifícios. E o maior deles é a superação da luta pela existência que, historicamente, fundamentou todas as sociedades. Só então poderemos alcançar a igualdade econômica e jurídica, eliminando as contradições que nos mantêm presos à exploração e à desigualdade. A revolução necessária é uma revolução econômica, capaz de restabelecer o equilíbrio entre o individual e o coletivo, entre as Pessoas Comuns e Não Comuns, e entre humanidade e natureza.

5. Epílogo

O ensaio que expomos encerra-se em uma encruzilhada crucial, onde a Sociedade Civil, representada por cada um de nós, se vê encurralada pelo Sr. Economia e pelo Sr. Estado, ambos capturados pelo poder das grandes Empresas. Essas corporações monopolizam o excedente econômico, aprofundam a desigualdade social, concentrando o poder e a riqueza nas mãos de poucos, enquanto polarizam a sociedade entre as Pessoas Comuns, que vivem à margem, e as Pessoas Não Comuns, que controlam os meios de produção e, por extensão, o próprio destino do planeta.

Nesse processo, a natureza é devastada além de seus limites sustentáveis, ameaçando a própria continuidade da vida humana. Diante dessa realidade, emerge a necessidade urgente de resgatar a nossa capacidade de luta coletiva como classe social. As Pessoas Comuns, que constituem a maioria, têm uma força latente que pode transformar a sociedade. Afinal, somos nós que mantemos o mundo em movimento com nosso trabalho. Se temos a capacidade de sustentar a sociedade, temos igualmente a capacidade de moldar novas regras para a justa distribuição dos frutos de nosso trabalho.

A luta de classes, que paira como uma realidade invisível, mas, presente, precisa se concretizar no tecido das relações sociais entre as Pessoas Comuns e as Pessoas Não Comuns. Essa luta, que já não pode mais ser ignorada, exige não só resistência, mas também a construção de novas leis e estruturas que moldem uma sociedade mais justa e igualitária.

Propomos, então, um conjunto de mudanças radicais que visam não apenas ajustar os desequilíbrios econômicos, mas transformar a sociedade em sua essência. A primeira medida seria a extinção dos salários, que seria substituído pela implementação da equidade de rendimentos, independentemente da função exercida em qualquer Empresa. Esse seria um passo para reduzir a hierarquia que perpetua desigualdades no ambiente de trabalho, subvertendo a lógica de exploração.

A segunda proposta envolve uma reformulação contábil nas Empresas, onde o excedente econômico, após retirada sua parte para as necessidades de modernização ou expansão necessária, teria então uma destinação social. O foco estaria em redistribuir a riqueza acumulada, depois de equilibradas as remunerações de todos os participantes do empreendimento, visando democratizar o acesso aos frutos da produção coletiva (democracia econômica).

No setor público, propomos a equiparação das remunerações de todos os empregos, em todos os poderes e órgãos de governo, criando uma justiça salarial entre os trabalhadores do Estado. Mas, para que essa mudança se efetive, é necessário reformular inclusive a própria administração pública. Sugerimos que o poder executivo seja exercido por um Conselho Social, composto e eleito pela sociedade, para representar seus interesses. Esse conselho seria o comando, enquanto os órgãos dos executivos, como ministérios e secretarias, seriam constituídos exclusivamente por funcionários de carreira, eliminando o loteamento político de cargos e garantindo que o poder de decisão esteja nas mãos daqueles que compreendem a complexidade dos setores que comandam.

Ao estabelecermos essas novas bases de poder e distribuição econômica, estamos nos movendo em direção a uma sociedade em que o Sr. Economia e o Sr. Estado deixam de ser instrumentos de dominação. Em vez disso, passam a ser mecanismos para a promoção do bem-estar social, respondendo às necessidades da Sociedade Civil, e não dos interesses corporativos.

O caminho proposto aponta para o fim da luta pela mera sobrevivência, substituída pela construção de uma sociedade sem classes, onde a dominação, exploração, expropriação e alienação sejam superadas. Uma sociedade verdadeiramente livre de desigualdades entre raças, gêneros e nações, onde a nossa mãe, a Sociedade Civil, possa finalmente unir todos os seus filhos.

Em última análise, o que se propõe é uma reorganização estrutural da sociedade, que transcenda o modelo econômico e político atual, e nos leve a um novo paradigma. A luta de classes se revela como a chave para essa transformação. Somente por meio dela poderemos construir uma sociedade que priorize a justiça, a igualdade e a preservação do planeta. É através dessa luta que o Sr. Economia e o Sr. Estado serão ressignificados, transformando-se em ferramentas genuínas de avanço coletivo, em benefício de todos, sem exceção. A encruzilhada à nossa frente exige uma escolha: ou seguimos permitindo que o capital e o Estado continuem determinando nosso destino, ou tomamos as rédeas de nossa própria história e construímos um futuro comum.

****

A LEI GERAL DA ACUMULAÇÃO CAPITALISTA

No imenso emaranhado de palavras,
Nas páginas densas de O Capital,
Um capítulo se destaca, com suas labaredas,
Revelando a lei que impulsiona o capital.

A lei geral da acumulação capitalista,
Uma engrenagem voraz e implacável,
Movida pela ânsia de lucro e conquista,
Escravizando vidas em um jogo insondável.

Marx, com seu olhar crítico e afiado,
Analisa a natureza profunda desse processo,
Desvelando a essência do sistema aprisionado,
Em sua busca incessante por progresso.

A acumulação, como um monstro insaciável,
Exige do capital constante expansão,
Através da produção de mais-valor inescapável,
Que impulsiona a engrenagem da exploração.

As forças produtivas se multiplicam e avançam,
Tecnologia e ciência a serviço da produção,
Mas o trabalhador é alienado, oprimido, desvanecido,
Enquanto o capital acumula em sua dominação.

A acumulação de capital, fio condutor,
Das contradições que permeiam a sociedade,

O trabalho transformado em mercadoria, sem
pudor,
Subjugado à lógica de lucro e propriedade.

Concentração e centralização, o fenômeno,
Grandes monopólios emergem em seu esplendor,
O capital se concentra nas mãos de poucos, o
veneno,
Enquanto a maioria enfrenta um futuro de dor.

A lei geral da acumulação escancara a desigualdade,
A exploração que permeia a produção,
A extração do mais-valor, base da insanidade,
Que perpetua a injustiça, a opressão.

ANEXO

Anexo: Projeto Vila Comunitária de Inclusão e Produção Sustentável

1. Justificativa

A "Vila Comunitária de Inclusão e Produção Sustentável" é uma iniciativa destinada a minimizar de maneira integrada alguns dos maiores problemas sociais enfrentados por nossas cidades: a pobreza, o desemprego, a dependência química, e a exclusão social de moradores de rua e outras populações vulneráveis. Este projeto une os princípios de autogestão, capacitação profissional e sustentabilidade econômica para promover a inclusão social e o desenvolvimento humano.

A vila funcionará como um espaço autossustentável que oferece formação educacional e profissional, abrigo, apoio social e psicológico, além de gerar produção econômica e novos postos de trabalho. Ao longo do tempo, os próprios beneficiários assumirão o controle da gestão do projeto, criando um ciclo virtuoso de autossuficiência e cooperação.

2. Objetivos do Projeto

Objetivo Geral

Proporcionar reintegração social e econômica para populações vulneráveis, promovendo um modelo de autogestão, capacitação e produção sustentável.

Objetivos Específicos

1) Criar um ambiente de inclusão para moradores de rua, dependentes químicos, desempregados e outras populações vulneráveis;
2) Desenvolver um sistema produtivo autossustentável que forneça oportunidades de trabalho e capacitação;
3) Implementar práticas de economia solidária e governança participativa, onde os beneficiários assumam a gestão ao longo do tempo;
4) Reduzir a dependência do sistema de assistência social através da geração de renda e produção interna.

3. Estrutura Física do Projeto

3.1 Espaços de Capacitação e Produção

A Vila será construída em um terreno de tamanho adequado para comportar diferentes setores, divididos da seguinte forma:
1) **Oficinas e Laboratórios Práticos:** serão criados ambientes dedicados à aprendizagem e à produção, que incluirão:

2) **Oficina de Marcenaria:** produção de móveis e artigos em madeira.

3) **Oficina de Metalurgia:** trabalho com metais para criação de utensílios e peças industriais.

4) **Costura e Artesanato:** produção de roupas, tecidos e artigos de decoração.

5) **Laboratórios de Reciclagem:** reaproveitamento de materiais como plásticos e metais.

6) **Centros de Tecnologia:** laboratórios de informática com foco em: capacitação em TI (Tecnologia da Informação), como programação, design gráfico, e-commerce; criação de uma Central de Vendas Online, que comercializará produtos da Vila;

7) **Horta Orgânica Comunitária:** cultivo de hortaliças, frutas e legumes.

8) **Criação de Animais de Pequeno Porte:** avicultura, suinocultura e apicultura, que fornecerão proteína e outros produtos para o consumo interno e venda.

3.2 Área de Moradia e Recuperação Social

1) **Moradias Temporárias:** estrutura de acolhimento para sem-tetos e outros em situação de vulnerabilidade, proporcionando um ambiente seguro para recuperação e **reintegração.**

2) **Núcleos de Recuperação Social:** espaços especializados para acolhimento e tratamento de dependentes químicos, com equipes multidisciplinares (psicólogos, médicos e assistentes sociais).

3.3 Espaço de Convivência e Capacitação Social

1) Auditórios e Salas de Aula: para formações teóricas, reuniões comunitárias, palestras e atividades educacionais.

2) Áreas de Convivência Comunitária: promovendo o convívio social, atividades culturais e recreativas.

4. Plano de Gestão e Autossustentabilidade

4.1 Fases do Projeto

Fase 1: Implementação Inicial (Ano 1)

Montagem da infraestrutura física da vila. Contratação de equipe inicial composta por profissionais das áreas de assistência social, educação, psicologia, gestão e agroecologia.

Início das formações básicas em ofícios (carpintaria, costura, agricultura, TI, etc.) e primeiros acolhimentos nas moradias e núcleos de recuperação.

Fase 2: Expansão e Estabilização (Ano 2-3)

Ampliação da produção agrícola, pecuária e industrial.

Fortalecimento das atividades de venda online e física.

Capacitação dos beneficiários para assumirem gradativamente funções administrativas e de gestão dos setores.

Fase 3: Autogestão Progressiva (Ano 4 em diante)

Formação de conselhos comunitários formados pelos próprios beneficiários.
Implementação de uma gestão compartilhada e rotativa, promovendo um modelo de autogestão baseado em economia solidária.

4.2 Autossustentabilidade Econômica

Produção Local e Venda: a produção da vila será direcionada tanto para consumo interno quanto para venda externa, visando à geração de renda. Itens produzidos, como móveis, roupas, alimentos orgânicos e serviços tecnológicos, serão comercializados localmente e por meio de uma plataforma de e-commerce.
Contratos com Administração Pública e Setor Privado: o projeto estabelecerá parcerias com administrações municipais e estaduais, fornecendo produtos para escolas, hospitais e órgãos públicos, além de empresas privadas interessadas em adquirir produtos sustentáveis e apoiar o projeto.

5. Capacitação e Formação Intergeracional

5.1. Educação e Capacitação:

Oficinas Práticas: as atividades formativas serão interdisciplinares e intergeracionais, com o envolvimento de jovens, adultos e idosos. Todos terão a oportunidade de participar de diversas áreas, desde a agricultura até o uso de tecnologias digitais. **Formação em Autogestão:** desde o início, os beneficiários serão preparados para assumir funções de liderança e gestão cooperativa. Treinamentos em governança participativa, finanças solidárias e resolução de conflitos serão oferecidos regularmente.

6. Impacto Social

6.1 Redução da Desigualdade

Inclusão Social: o projeto oferece uma alternativa viável à exclusão social de populações marginalizadas, fornecendo-lhes as ferramentas necessárias para reintegração ao mercado de trabalho e à sociedade. **Empoderamento Pessoal:** através da formação profissional e da autogestão, os beneficiários não apenas sairão da dependência assistencial, mas ganharão autonomia e controle sobre suas vidas.

6.2 Recuperação de Dependentes Químicos e Moradores de Rua

Apoio Integral: com um modelo de acolhimento que combina trabalho, formação e tratamento, o projeto visa reintegrar pessoas em situação de dependência ou rua, devolvendo-lhes a dignidade e oportunidades de desenvolvimento.

7. Financiamento e Parcerias

7.1 Recursos Públicos

Investimento Inicial: o projeto será financiado com recursos públicos, podendo incluir emendas parlamentares, parcerias com secretarias municipais e estaduais, e fundos de assistência social.

7.2 Parcerias Privadas

Doações e Apoio Técnico: empresas privadas podem colaborar com doações de materiais, apoio técnico e compra de produtos da vila, além de se beneficiar de incentivos fiscais por apoiar iniciativas de responsabilidade social.

7.3 Autossustentabilidade a Longo Prazo

Com o tempo, a Vila buscará se tornar economicamente autossuficiente, com a venda de produtos e serviços gerados pelos próprios beneficiários e reinvestidos no projeto.

8. Resultados Esperados

Acolhimento de Populações Vulneráveis: a vila terá capacidade inicial para acolher um determinado número de moradores de rua e dependentes químicos de acordo com a previsão a ser estabelecida pelo setor público.

Geração de Empregos e Renda: estima-se que o projeto criará diretamente uma quantidade de postos de trabalho e capacitará um determinado número de pessoas por ano, dependendo da estimativa inicial do projeto pelo setor público.

Produção de Bens e Serviços: a produção interna atenderá tanto o mercado local quanto a demanda de órgãos públicos, reduzindo custos e promovendo o comércio justo.

Por fim, o projeto "Vila Comunitária de Inclusão e Produção Sustentável" é uma proposta transformadora e prática que une autogestão, capacitação e reintegração social para criar uma sociedade mais justa e igualitária. Com foco na educação, produção autossustentável e no empoderamento de pessoas vulneráveis, ele não apenas combate os efeitos das desigualdades econômicas, mas cria uma nova dinâmica de solidariedade e cooperação social.

9. Acompanhamento e Avaliação

Serão estabelecidos critérios de impacto social e econômico, avaliados periodicamente, para garantir a efetividade do projeto na redução da pobreza, das desigualdades e da exclusão social. Esses indicadores incluirão número de beneficiários reintegrados, volume de produção gerado, receitas financeiras e reinvestimentos na comunidade.

Glossário

1. Ajuste Espacial (Spatial Fix)

É um conceito desenvolvido pelo geógrafo marxista David Harvey para descrever como o capitalismo responde às suas crises internas de acumulação, deslocando ou "ajustando" o excesso de capital e mão de obra para novas áreas geográficas. O termo se refere à maneira como o capitalismo "resolve" temporariamente suas crises através da reorganização do espaço geográfico, por meio de investimentos em infraestrutura, expansão territorial e exploração de novos mercados. No capitalismo, há um ciclo constante de crises de superprodução, onde o capital acumulado não encontra oportunidades suficientes de reinvestimento rentável. Para evitar o colapso econômico, o capital busca novas formas de expandir seus horizontes, e o ajuste espacial surge como uma dessas estratégias. Esse "ajuste" não resolve as contradições do capitalismo, mas as desloca temporariamente para outra região ou para o futuro.

2. Conselho Social

Órgão colegiado proposto para substituir o poder executivo tradicional. Seria composto por representantes da sociedade, eleitos democraticamente, e teria a função de comandar o governo, priorizando o interesse público.

3. Destinação Social

Uso dos excedentes econômicos gerados pelas Empresas para fins sociais, como investimentos em infraestrutura, educação, saúde e bem-estar coletivo, após a distribuição equitativa dos salários entre os trabalhadores.

4. Desigualdades Econômicas

Referem-se à distribuição desigual de renda, riqueza e oportunidades econômicas entre diferentes grupos sociais, indivíduos ou regiões. Essa disparidade é resultado de diversos fatores, incluindo diferenças de acesso à educação, emprego, propriedade de capital, políticas públicas, e padrões históricos de desenvolvimento. As desigualdades econômicas podem se manifestar em termos de salários, posses de ativos (como terras, imóveis e investimentos), e acesso a serviços essenciais, como saúde e educação. De modo geral, a desigualdade econômica reflete e reforça as disparidades sociais e políticas, pois aqueles que possuem maior riqueza frequentemente detêm mais poder e influência na sociedade.

5. Dominação, Exploração, Expropriação e Alienação

Termos que descrevem as formas de opressão nas sociedades capitalistas.

Dominação: controle exercido pela elite sobre as classes trabalhadoras.

Exploração: Extração de valor do trabalho humano em benefício da elite econômica.

Expropriação: apropriação dos recursos ou meios de produção pelos ricos, afastando os trabalhadores da posse ou controle sobre o que produzem.

Alienação: separação dos trabalhadores do produto de seu trabalho e da capacidade de controlar sua própria vida e destino.

6. Empresas

Grandes corporações que acumulam e controlam o excedente econômico gerado pela sociedade. Segundo o texto, elas polarizam a sociedade e destroem a natureza para maximizar lucros.

7. Equiparação Salarial

Proposta de igualar os salários entre todos os trabalhadores, independentemente de sua função, tanto no setor privado quanto no público, como forma de eliminar a hierarquia de renda e promover justiça econômica.

8. Excedente Econômico

Riqueza produzida além do necessário para manter as condições mínimas de produção e subsistência. No contexto do ensaio, é o recurso acumulado pelas Empresas que, em vez de ser redistribuído socialmente, é concentrado pela elite.

9. Fordismo/Taylorismo

São dois sistemas de organização do trabalho e produção que, juntos, marcaram o desenvolvimento industrial do século XX. Ambos têm como foco a maximização da eficiência e da produtividade no processo produtivo, mas com abordagens complementares. O Taylorismo, também conhecido como Administração Científica, foi desenvolvido por Frederick Winslow Taylor no final do século XIX. Sua principal característica é a ênfase na racionalização do trabalho e na divisão de tarefas. Já, o Fordismo, foi desenvolvido por Henry Ford no início do século XX. É um modelo de produção que se baseia nos princípios do Taylorismo, mas aplicado de maneira mais ampla e focado na produção em massa. Ford implementou a linha de montagem na indústria automobilística, o que permitiu a fabricação em grande escala de produtos padronizados, de maneira rápida e com baixo custo.

10. Funcionários de Carreira

Servidores públicos que ocupam cargos permanentes dentro das estruturas governamentais, com base em sua competência e experiência, ao contrário dos cargos políticos temporários. No texto, propõe-se que esses funcionários administrem os órgãos governamentais.

11. Loteamento Político

Prática de distribuição de cargos e funções públicas entre apoiadores e aliados políticos como forma de consolidar poder. O texto critica essa prática e propõe sua substituição por uma gestão baseada em mérito técnico e eleição interna.

12. Luta de Classes

Conflito entre diferentes classes sociais, principalmente entre as Pessoas Comuns (trabalhadores) e as Pessoas Não Comuns (elite econômica), em torno do controle da produção e distribuição de riqueza. No texto, essa luta é vista como o caminho para a transformação da sociedade.

13. Meritocracia

Meritocracia é um sistema ou princípio social, político e econômico em que o progresso individual e o sucesso são determinados pelo mérito pessoal, como habilidades, esforços e realizações, ao invés de fatores como herança, conexões ou status social. Michael J. Sandel, em seu livro "A Tirania do Mérito", critica o ideal meritocrático, argumentando que ele reforça a desigualdade e a arrogância moral. Para ele, a meritocracia cria a ilusão de que o sucesso individual é inteiramente resultado do mérito pessoal, como talento e esforço, ignorando os fatores de sorte e as vantagens estruturais (como herança social, acesso a uma boa educação e ambiente familiar) que influenciam o sucesso. Ele também afirma que a meritocracia contribui para uma cultura de superioridade entre os bem-sucedidos, levando-os a acreditar que merecem seu status e, por consequência, que os menos favorecidos merecem sua condição.

14. Modernização ou Ampliação de Empresas

Investimentos feitos pelas empresas em suas próprias estruturas, como tecnologia, maquinário ou expansão física. O texto sugere que o excedente econômico, após esses investimentos, seja destinado a finalidades sociais.

15. Novas Tecnologias da Informação e Comunicação (TICs)

Referem-se a um conjunto de ferramentas, plataformas e sistemas digitais que facilitam a criação, a troca e o armazenamento de informações. O termo engloba uma ampla gama de tecnologias que vão desde a internet, redes sociais, dispositivos móveis, *softwares* e aplicativos até a Inteligência Artificial e *big data*.

16. Pessoas Comuns

Termo usado para descrever a maioria da população, formada por trabalhadores, cidadãos comuns que sustentam a economia com seu trabalho, mas que não detêm o controle dos meios de produção ou o poder econômico.

17. Pessoas Não Comuns

A elite econômica e política, composta pelos donos dos meios de produção, grandes empresários e líderes políticos, que concentram poder e riqueza, contribuindo para a desigualdade e a polarização social.

18. Plutocracia

Forma de governo ou sistema em que o poder político está concentrado nas mãos de uma pequena elite econômica, ou seja, dos indivíduos mais ricos de uma sociedade. Em uma plutocracia, as decisões políticas e a formulação de políticas públicas são fortemente influenciadas ou diretamente controladas pelos interesses dessa elite, muitas vezes em detrimento da maioria da população. Isso pode resultar em desigualdade social, já que os interesses dos mais ricos prevalecem sobre os das Pessoas Comuns, limitando a democracia e aprofundando as disparidades econômicas.

19. Progresso Técnico

Refere-se ao desenvolvimento e aprimoramento de tecnologias, métodos de produção e processos que aumentam a eficiência e a capacidade produtiva. No contexto econômico e social, o progresso técnico está relacionado à introdução de inovações que reduzem o tempo e o esforço necessários para produzir bens e serviços, elevando a produtividade e, teoricamente, melhorando as condições de vida. No entanto, segundo a crítica marxista, o progresso técnico no capitalismo tende a beneficiar principalmente os detentores dos meios de produção, ao aumentar a exploração do trabalho humano e a concentração de riqueza, muitas vezes sem melhorar proporcionalmente as condições de vida dos trabalhadores.

20. Redistribuição do Produto Social

Processo pelo qual a riqueza gerada pelo trabalho de todos seria distribuída de forma equitativa entre os membros da sociedade, desafiando o atual modelo de concentração de renda e poder.

21. Revolução Técnico-Científico Informacional

No sentido de Milton Santos (um dos mais importantes geógrafos brasileiros e um pensador fundamental no campo da geografia humana), este termo refere-se à profunda transformação no modo de produção e organização da sociedade provocada pela convergência entre avanços científicos, técnicos e informacionais. Essa revolução começou no final do século XX e continua no século XXI, marcada pela integração entre a ciência, a tecnologia e a informação, com impacto direto na economia, na política, na cultura e no espaço geográfico. Para Santos, o desenvolvimento das tecnologias de informação e comunicação (TICs), juntamente com os avanços científicos e técnicos, não apenas impulsionou a globalização, mas também gerou uma nova dinâmica de poder e desigualdade.

22. Riqueza Abstrata

Refere-se à forma de riqueza que se expressa através do valor de troca, dissociada das necessidades concretas ou da utilidade material dos bens. Segundo a teoria de Karl Marx, no capitalismo, a riqueza assume uma forma abstrata na medida em que é acumulada na forma de capital e dinheiro, que não têm valor intrínseco, mas apenas valor de troca. Assim, a riqueza deixa de estar diretamente relacionada à satisfação das necessidades humanas concretas e passa a ser medida em termos de abstrações como lucro, rendimentos financeiros ou especulação.

23. Sociedade Civil

Conjunto de cidadãos e organizações que, fora da estrutura governamental e empresarial, compõem a base social da sociedade. O termo inclui uma variedade de grupos e movimentos sociais que representam os interesses das Pessoas Comuns, como ONGs, sindicatos, associações comunitárias, movimentos de direitos civis, etc. A Sociedade Civil, segundo a visão do texto, é o principal agente de transformação social e política, já que se contrapõe aos interesses das Empresas e da elite política, promovendo a participação democrática e a justiça social.

24. Sociedade Sem Classes
Meta final apresentada no ensaio, referindo-se a uma sociedade onde não há distinções de classe baseadas na posse dos meios de produção e onde prevalece a justiça social, sem dominação, exploração ou alienação.

25. Sr. Economia
Personificação do sistema econômico vigente, representando o capital, as grandes corporações e os interesses financeiros que dominam a sociedade e ditam as regras da produção e distribuição de riqueza.

26. Sr. Estado
Representação metafórica do poder governamental e suas instituições, que muitas vezes atuam de forma alinhada com os interesses do capital e das Empresas, em vez de servirem à Sociedade Civil.

27. Sociabilidade/Civilidade
Refere-se às dimensões da interação social e das normas de convivência civil. Sociabilidade diz

respeito à capacidade humana de conviver e formar laços sociais. Civilidade, por sua vez, é o comportamento pautado por normas de respeito mútuo e cooperação dentro da sociedade.